VEGANE TAPAS

Gonzalo Baró

NEUN ZEHN

Basics

Spanisches Vollkornlandbrot / Rosca de Pueblo integral 6
Veganer Mandelkäse / Queso vegano de Almendras 8
Kokosmilchbéchamel / Bechamel de Leche de Coco 9
Sojanaise 10

kalte Tapas

Brot mit Tomaten / Pan con Tomate 10
Olivenpaste / Olivada 11
In Essig mariniertes Gemüse / Verduras en Escabeche 12
Geröstetes Gemüse / Escalivada 14
In Essig eingelegte vegane „Sardellen" / Boquerones veganos en Vinagre 16
Oliviersalat / Ensaladilla rusa 18
Marinierte Oliven / Aceitunas adobadas 20
Banderillas 21
Quittenpaste mit Mandelkäse / Dulce de Membrillo con Queso de Almendras 22
Ceviche vegano 24
Kalte Tomatensuppe mit Tomaten, Knoblauch und Brot / Salmorejo 26
Kalte Mandel-Knoblauch-Suppe / Ajoblanco 28
Spanisches Kartoffelomelett / Tortilla española 29
Spargelspitzen mit Orangen / Puntas de Espárrago con Naranjas 32
Kartoffelbrei-Törtchen / Causa a la limeña 34
Shiitake-Kroketten / Croquetas de Setas Shiitake 37

warme Tapas

Mangold-Porree-Kroketten / Croquetas de Acelgas y Puerros 39
Padrón-Paprikas / Pimientos de Padrón con Sal Maldon 40
Edamame mit Minze und Zitrone / Edamame a la Menta y Limón 41
Zucchini-Röllchen mit veganen Würstchen /
Rollitos de Calabacín con Salchicha vegana 42
Kartoffeln mit pikanter Mojo / Papas con Mojo picón 44
Kochbanane mit Tomaten-Minz-Pesto / Patacón con Pesto de Tomate y Menta 46
Pilze mit Sherry / Setas al Jerez 48
Vegane Chorizo in Cidre / Chorizo vegano a la Sidra 50
Kartoffeln in Bravasoße / Patatas bravas 52
Gefüllte Zwiebeln / Cebollas rellenas 54
Gefüllte Piquillo-Paprikas / Pimientos de Piquillo rellenos 56
Auberginen mit Zuckermelasse / Berenjenas con Miel de Caña 58
Mini-Cocas 60
Gemüseschnitte / Milhoja de Verduras 62

Einleitung

Eine kurze Geschichte zu den Tapas

Tapa heißt wortwörtlich übersetzt Deckel. Es gibt viele Geschichten, die die Herkunft dieser Esskultur zu erklären versuchen, aber keine lässt sich als die wahre erkennen. Die meist verbreitete und einfachste ist, dass früher das Weinglas mit einem Stück belegtem Brot, Käse oder getrocknetem Schinken bedeckt wurde, damit das Aroma des Weines sich nicht verflüchtigen konnte. Eine andere besagt, dass im Mittelalter Alfons X. aus Kastilien befohlen hat, in allen Mesones (Wirtshäusern) mit dem Wein eine kleine Essensportion zu servieren, um die Effekte des Alkohols zu „verdecken". Einige Historiker behaupten, dass die erste Form eines Essens, die man als Tapa bezeichnen könnte, aus Andalusien stammt. Es liegen aber keine klaren Quellen vor, die das beweisen können. Ganz sicher ist, dass eine Tapa aus einer kleinen Portion einer Speise besteht, die in Begleitung zu einem Getränk serviert wird.

Die Art, wie man Tapas – so wie wir sie heute kennen – isst, ist sehr jung und entstand nach dem Ende des Spanischen Bürgerkriegs, ungefähr Mitte des 20. Jahrhunderts. Es war die Zeit, in der sich der Wohlstand in Spanien zu verbreiten begann. Davor gab es kein richtiges Bewusstsein dafür, dass es überhaupt eine Essensform war und dass es zur Kultur gehörte.

Heutzutage erleben die Tapas international eine goldene Zeit, zusammen mit der spanischen Gastronomie. Dies ist der Vielfältigkeit dieser Essensform zu verdanken, aber auch Botschaftern, wie dem Koch Ferran Adrià vom Restaurant El Bulli, der die Tapas in Verbindung mit der Avantgarde-Küche gebracht hat. Andere Esskulturen, wie die asiatische oder die südamerikanische, tragen schon seit Jahren auch zu der Verwandlung und Weiterentwicklung dieser kleinen Gerichte bei und sorgen dafür, dass sie sich ungehindert ausbreiten.

Tapas darf man jedoch nicht nur als Essen betrachten, man muss sie in einen größeren Zusammenhang stellen, mit einem Ort verbinden, mit Personen, mit einer Gruppe, mit einem Getränk. Sie sind eine Art der Sozialisierung. Es ist immer noch etwas Besonderes für einen Spanier, Tapas essen zu gehen oder „ir de tapeo" wie man auf Spanisch sagt. Man freut sich auf die Runde, auf die neue oder die altbekannte Bar, auf den guten Wein, auf den Lachanfall mit Freunden oder auch auf das schöne Gespräch mit der Familie. Ich persönlich kenne keine Tapasrunde, wo es mal langweilig wurde.

Für dieses Buch habe ich einige traditionelle und klassische Rezepte verwendet, aber die meisten davon wurden etwas verändert, um sie entweder etwas interessanter zu machen oder sie der veganen Essensweise anzupassen.

Es gibt auch einige Anpassungen aus dem lateinamerikanischen Raum, deren Gastronomie immer mehr Einfluss in der spanischen Küche gewinnt. Außerdem finden sich in diesem Buch auch Rezepte meiner eigenen Kreation, die durch Experimentieren oder manchmal durch Zufall entstanden sind. Ich hoffe, ihr habt genau so viel Spaß beim Nachkochen, wie ich beim Probieren und Schreiben dieses Buches.

Estas son mis recetas si quieres las cocinas y si no las dejas.

Gonzalo Baró ist in Madrid geboren und aufgewachsen. Nach seinem Studium der Informationswissenschaften spezialisierte er sich auf still life photography und beschloss 2007 nach Berlin zu gehen.

Schon als Kind entdeckte er seine Leidenschaft zum Kochen und zu gutem Essen. Die Sehnsucht zu seiner Heimat bewegte ihn dazu, sich intensiv mit der Gastronomie seines Landes zu beschäftigen, sie weiterzuentwickeln und sie weiterzugeben.

gonzalobaro.com

Spanisches Vollkornlandbrot

Rosca de Pueblo integral

für den Vorteig:
320 g Vollkornweizenmehl
5 g frische Hefe
210 ml Wasser
ca. 3 EL Olivenöl

für den Teig:
150 g Vollkornweizenmehl
100 g Dinkelvollkornmehl
160 ml Wasser
4,5 g Salz
4 g frische Hefe

1. Für den Vorteig mischen wir alle Zutaten mit der Hälfte des Wassers. Wenn alles gut gemischt ist, fügen wir das restliche Wasser hinzu und kneten alles ca. 5 Minuten. Eine Schüssel mit etwas Olivenöl bestreichen und die Masse darin mit einem Tuch zugedeckt 4 Stunden ruhen lassen, bis die Masse doppelt so groß ist. Danach nochmals kurz durchkneten und wieder in der Schüssel zugedeckt 24 Stunden lang ruhen lassen.

2. Eine Stunde bevor man mit dem anderen Teig anfängt, sollte man den Vorteig aus dem Kühlschrank nehmen, in 4 Stücke teilen und mindestens 1 Stunde lang ruhen lassen.

3. Die Zutaten des Teigs in einer Schüssel vermischen und die Vorteig-Stücke dazugeben. Eine Weile kneten, bis sich alles gleichmäßig gemischt hat und in der Schüssel ca. 20 Minuten zugedeckt ruhen lassen. Danach den Teig auf eine mit Olivenöl gefettete Oberfläche legen, sie längs plattmachen und die Enden zur Mitte falten, als ob es sich um ein Blatt Papier handeln würde. So wie es ist zurück in die Schüssel geben und nochmals 20 Minuten ruhen lassen. Danach wieder rausnehmen und die Faltaktion wiederholen und wieder in der Schüssel ruhen lassen, diesmal 2 Stunden. Wieder aus der Schüssel nehmen, falten und umgedreht auf einer gefetteten Oberfläche ca. 10 Minuten ruhen lassen. Der Teig sollte durch das Falten und das Umdrehen eher eine runde Form haben (Abbildung).

4. Mit den Fingern in die Mitte des Teigs drücken und langsam den Teig mit den Händen zu einem Ring formen. (Abbildung). Das Loch sollte etwa die Größe einer Faust haben.

5. Den Teig auf ein mit Backpapier ausgelegtes Ofengitter legen, mit einem Tuch zugedeckt eine halbe Stunde ruhen lassen, bis er wieder gewachsen ist. Währenddessen den Ofen auf 230 °C Ober- und Unterhitze vorheizen. In die untere Schiebeleiste ein Backblech mit Wasser schieben und das Ofengitter mit dem Teig in die mittlere Schiebeleiste. Nach etwa 10 Minuten die Temperatur auf 210 °C verringern und noch 30 Minuten backen.

Veganer Mandelkäse

Queso vegano de Almendras

120 g Mandeln
400 ml Wasser
30 g Agar-Agar
1 Zitrone, ausgepresst
1 EL Weißweinessig
1 TL weißer Pfeffer
1 TL Kreuzkümmel
1 TL Knoblauch, getrocknet
1 TL Salz
etwas Olivenöl zum Bestreichen

1. Mandeln entweder über Nacht in einer Schüssel mit warmen Wasser einlegen und am nächsten Morgen von der Schale befreien, oder Mandeln in heißem Wasser 1 Minute blanchieren und von der Schale befreien.

2. Mandeln zusammen mit den Gewürzen, der ausgepressten Zitrone, dem Essig und Salz in den Mixer geben.

3. Agar-Agar in einen Topf geben und 3–4 Minuten erhitzen, bis es anfängt zu stocken. Sofort in den Mixer zu den anderen Zutaten geben und pürieren, bis es zu einer gleichmäßigen Masse wird. Eine runde Glasform mit etwas Olivenöl bestreichen und die Mischung hineingeben. Abkühlen lassen und im Kühlschrank mindestens 2 Stunden ruhen lassen.

Kokosmilchbéchamel

Bechamel de Leche de Coco

300 ml Kokosmilch
3 EL Olivenöl
2 EL Dinkelvollkornmehl
1 Prise Muskatnuss
Salz/Pfeffer

1. In einem Topf Olivenöl erhitzen. Wenn es heiß ist, den Topf vom Herd nehmen und langsam das Mehl durch ein feines Sieb (durch kleine Handgelenkbewegungen) ins Öl sieben. Gleichzeitig mit einem Schneebesen ununterbrochen rühren, sodass keine Klumpen entstehen. Die Öl-Mehl-Mischung bekommt eine immer festere Konsistenz. Anschließend den Topf wieder auf den Herd stellen, die Milch nach und nach hineingießen und gleichzeitig mit dem Schneebesen ununterbrochen weiterrühren. Die Milch bekommt mehr und mehr eine dickere Konsistenz. So lange rühren, bis eine eher dickflüssige Masse entsteht. Dies sollte nach ca. 5 Minuten der Fall sein. Mit Salz, Pfeffer und einer Prise Muskatnuss abschmecken.

Sojanaise

100 ml Sojamilch
200 ml Sonnenblumenöl
2 EL Zitronensaft
½ Knoblauchzehe
1 TL Senf
2 EL Olivenöl
Salz und Pfeffer

1. Sojamilch und Sonnenblumenöl mit der Knoblauchzehe in einen hohen Behälter geben. Den Stabmixer auf den Boden des Behälters setzen und langsam den Stab nach oben ziehen. Den Mixer ein paar Mal von oben nach unten bewegen, bis die Flüssigkeit eine festere Konsistenz erreicht hat. Das sollte ziemlich schnell passieren. Danach die Sojanaise mit Zitronensaft, Senf, Olivenöl Salz und Pfeffer abschmecken.

Brot mit Tomaten

Pan con Tomate

Pan con Tomate oder „pa amb tomàquet", wie es ursprünglich heißt, kommt aus Katalonien. Für dieses Rezept gilt auch: die besten Zutaten verwenden. Das heißt: das beste Brot, das man kennt, das beste Olivenöl, die besten Tomaten und das beste Salz – nur so wird es ein wirklich tolles Gericht.

½ Landbrot
300 g reife Tomaten
1–2 EL Olivenöl pro Brotscheibe
grobes Meersalz
Knoblauch (optional)

1. Brot in nicht zu dünne Scheiben schneiden. Tomaten halbieren und nun das Brot mit der Hand mehrmals kräftig mit der Tomate einreiben, sodass das Tomatenfleisch auf dem Brot haften bleibt. Olivenöl über die Brotscheibe träufeln. Grobes Salz darauf streuen und sofort essen, sonst weicht das Brot auf.

2. Man kann auch, als Variante, vor den Tomaten das Brot mit einer geschälten, halbierten Knoblauchzehe einreiben. Einfacher geht es übrigens mit getoastetem Brot.

Olivenpaste

Olivada

200 g schwarze Oliven, entsteint
2–3 getrocknete Tomaten
1 EL Kapern
1 Knoblauchzehe
3 EL Zitronensaft
1 TL Thymian
1 TL Rosmarin
1 TL Majoran
1 EL Olivenöl
Salz/Pfeffer

1. Alle Zutaten in einen Mixer geben und pürieren. Dazu Brot servieren.

In Essig mariniertes Gemüse

Verduras en Escabeche

Das Wort Escabeche kommt ursprünglich vom Persischen „sikbâg" und bezog sich auf eine Schmortechnik, bei der man Fleisch und Essig verwendete. Die Araber brachten diese Zubereitungsart auf die Iberische Halbinsel und damals wie heute ist dies eine Methode, mit der man viele Lebensmittel konserviert. Diese Tapa ist ein einfacher Begleiter zu einem Getränk. Man kann sie immer parat haben, denn sie ist wochenlang haltbar.

10 kleine Zwiebeln
200 g Blumenkohl
200 g Möhren
1 gelbe Paprika
400 ml Roséweinessig
500 ml Wasser
3 Zweige Thymian
2 Lorbeerblätter
5 Nelken
1 TL Pfeffer ganz
5 Knoblauchzehen
Olivenöl

1. Zwiebeln und Möhren schälen und in Stifte schneiden, Blumenkohl in kleine Röschen zupfen und Paprika in Streifen schneiden. Die Knoblauchzehen zerdrücken, aber nicht schälen.

2. In einem Topf oder einer tiefen Pfanne 2 EL Olivenöl erhitzen und die Knoblauchzehen darin goldbraun braten. Aus der Pfanne nehmen und anschießend das Gemüse mit den Gewürzen in die Pfanne geben. Alles kurz anbraten.

3. In einem anderen Topf das Wasser mit dem Essig zum Kochen bringen und danach zum Gemüse geben. Dieses dann ca. 12 Minuten köcheln lassen. Das Gemüse sollte noch knackig sein, nicht ganz durchgegart.

4. Nun die Gemüse-Essig-Mischung in Bügelgläser füllen, kurz abkühlen lassen und zumachen. Damit sich das ganze Aroma im Gemüse entfaltet, sollte es mindestens 24 Stunden eingelegt werden.

5. Man kann es bis zu 4 Monaten eingeweckt haben, aber nach dem Öffnen sollte es in den nächsten 3 Wochen aufgebraucht werden.

Geröstetes Gemüse

Escalivada

Die Escalivada ist typisch in Katalonien, Valencia und Aragonien. Der Name kommt vom Verb „escalivar", was auf katalanisch soviel heißt wie „am Feuer grillen". Man kann das Gemüse sowohl grillen als auch im Ofen rösten und es ist sehr leicht zuzubereiten. Üblicherweise verwendet man ein einfaches Dressing aus Olivenöl, Knoblauch und Salz. Ich habe es hier ein bisschen erweitert und ein Dressing aus getrockneten Tomaten und Thymian verwendet. Diese Tapa wird bei Zimmertemperatur serviert. Man sollte sie daher also etwas abkühlen lassen, nachdem man das Gemüse geröstet oder gegrillt hat.

2 rote Paprikas
1 Aubergine
2 Zwiebeln
1 Knoblauchknolle

für das Dressing:
5 getrocknete Tomaten
½ ausgepresste Zitrone
6–8 EL Olivenöl
Thymian
Salz/Pfeffer

1. Das ganze Gemüse auf ein mit Backpapier ausgelegtes Blech oder in eine Ofenform geben und im vorgeheizten Ofen bei 180 °C Umluft insgesamt 45 Minuten rösten. Nach 20–25 Minuten das Gemüse wenden.

2. Währenddessen das Dressing vorbereiten, dafür alle Zutaten mit dem Mixer zusammenfügen. Falls nötig kann man mehr Olivenöl hinzugeben.

3. Wenn das Gemüse fertig geröstet ist, unter einem nassen Geschirrtuch etwas abkühlen lassen, bis man es anfassen kann. Die Haut und das innere Gehäuse der Paprika mit Hilfe eines Messers und mit den Händen entfernen, dann in lange Streifen schneiden. Die Flüssigkeit, die sie verloren haben, könnte man auch ins Dressing geben.

4. Von den Zwiebeln die Enden abschneiden und am einem Ende drücken, damit die fertig gegarte Zwiebel von allein aus der Schale rutscht. Ebenso mit dem Knoblauch verfahren. Die Zwiebeln längs vierteln. Ein paar Knoblauchzehen könnte man auch für das Dressing verwenden.

5. Zuletzt die Aubergine längs in Streifen schneiden und zusammen mit dem restlichen Gemüse und dem Dressing auf einer Platte servieren.

In Essig eingelegte vegane "Sardellen"

Boquerones veganos en Vinagre

Boquerón ist der spanische Begriff für Sardelle. Für diese beliebte Tapa werden Sardellenfilets in Essig mariniert und somit durch die Säure gegart. In Spanien werden sie oft auch zusammen mit Chips zum Getränk serviert. Das passt hervorragend, aber meistens isst man sie einfach so zum Getränk. In diesem veganen Rezept habe ich zum Essig Algen hinzugefügt, um eine leichte Meeresnote zu bekommen. Zusammen mit der Zucchini spielen sie ein bisschen Fisch, was sie ganz gut hinbekommen, wie ich finde. Boquerones en Vinagre ist ein Klassiker und in jeder Tapas-Bar zu finden. Zu den Boquerones veganos en Vinagre würde ich sagen, dass sie ein Neoklassiker sind. Noch findet man sie wahrscheinlich in keiner Tapas Bar – aber dafür hier.

1 Zucchini
1 TL getrocknete Wakamealgen
1 Knoblauchzehe
100 ml Sherryessig
100 ml Wasser
½ Handvoll Petersilie
2 EL Olivenöl
2 EL Oliven

1. Nach dem Waschen der Zucchini den Ansatz und Stiel entfernen und sie danach mit einem Sparschäler in Streifen schneiden, bis sie aufgebraucht ist.

2. In einem eher flachen Behälter die Streifen mit Essig, Wasser und Algen marinieren und für mindestens 2 Stunden im Kühlschrank ziehen lassen.

3. Zum Anrichten die Streifen auf einem flachen Teller verteilen. Die Knoblauchzehe und die Petersilie ganz fein hacken und gleichmäßig auf den veganen Boquerones verteilen. Alles mit etwas Olivenöl beträufeln und mit ein paar Oliven dekorieren. Kalt servieren.

Oliviersalat

Ensaladilla rusa

Obwohl die Mehrheit Spaniens denkt, dieser Salat wäre eine spanische Kreation, gilt er tatsächlich als eine auf russischem Boden geschaffene, französische Erfindung. Natürlich macht sich keiner Gedanken über die Herkunft, Hauptsache es schmeckt! Erfunden wurde er Ende des 19. Jahrhunderts von Lucien Olivier, Koch im berühmten Moskauer Restaurant Eremitage. Er ist deshalb in vielen Ländern als Oliviersalat bekannt. Heutzutage ist er von den spanischen Tapas nicht wegzudenken und gilt als eine der populärsten. Die spanische Ensaladilla ist vom ursprünglichen Rezept aber etwas entfernt, da hauptsächlich Fisch oder Meeresfrüchte mit Gemüse und viel Mayonnaise kombiniert werden. Lucien Olivier hingegen verwendete vor allem Wild. Er starb aber, bevor er das genaue Rezept weitergeben konnte – vielleicht war das aber auch sein Plan. Ich kenne viele Spanier, deren Lieblingsspeise dieser Salat ist und ich gehöre auch manchmal dazu. Einfach ist es jedoch nicht, in den spanischen Bars einen echt guten zu finden, da es viele verschiedene Interpretationen gibt und oft auf die Qualität der Grundzutaten nicht geachtet wird. Nur vom Hörensagen weiß man, wo man einen guten bekommt. Es spricht aber auch nichts dagegen, einen Oliviersalat selbst zu machen! Diese vegane Version ist leicht und erfrischend, ich würde aber Experimentierfreudige ermutigen, verschiedene Kombinationen von Zutaten auszuprobieren. Vielleicht findet dabei auch mehr als einer sein Leibgericht.

400 g Kartoffeln
100 g Möhren
50 g grüne Erbsen
50 g grüne Bohnen
7 Cornichons
3 TL Kapern
Schwarze Oliven als Deko
1–2 Piquillo-Pimientos als Deko (siehe Rezept S. 56)
Meersalz
1 Portion Sojanaise (siehe Rezept S. 9)

1. Kartoffeln und Möhren schälen und in kleine Würfel schneiden. Grüne Bohnen putzen, Enden abschneiden und dritteln. Kartoffeln und Möhren in kochendem Salzwasser 8 Minuten kochen und dann Bohnen und Erbsen dazugeben. Alles noch 2–3 Minuten kochen lassen. Wasser abgießen und alles abkühlen lassen.

2. Währenddessen Cornichons in Scheiben schneiden und zusammen mit den Kapern und dem gekochten Gemüse in eine Schüssel geben.

3. Soyanaise vorbereiten und vorsichtig untermengen. Alles auf einem flachen Teller anrichten.

4. Zum Schluss die Piquillo-Pimientos in Streifen schneiden und zusammen mit den schwarzen Oliven den Salat dekorieren. Kalt servieren.

Marinierte Oliven

Aceitunas adobadas

Die Olivensorte Arbequina stammt ursprünglich aus Palästina. Ein katalanischer Herzog, der eine Burg in Arbeca bewohnte, führte sie im 17. Jahrhundert in Spanien ein, daher der Name. Aus dieser leicht herben Frucht, die etwas kleiner ist als die meisten Sorten, entsteht ein hochqualitatives Olivenöl, das sich durch seinen intensiven nussigen Geschmack auszeichnet.

2 EL grüne Oliven (Sorte Arbequina)
2–3 EL schwarze Oliven
3 EL Kalamata-Oliven
3 EL Olivenöl
½ unbehandelte Zitrone
2 Stängel Rosmarin

1. Die Schale einer halben Zitrone reiben und danach den Saft der halben Zitrone auspressen. Die Rosmarinblättchen von den Stängeln zupfen und mit den anderen Zutaten mischen. Anschließend die Mischung mindestens 2 Stunden, am besten über Nacht, im Kühlschrank ziehen lassen.

Banderillas

(12 Spieße)

4 grüne Oliven, entsteint
4 schwarze Oliven, entsteint
4 eingelegte Perlzwiebeln
4 Gewürzgurken
3 Piquillo-Paprikas (siehe Rezept Seite 56)
5 scharfe Peperoni
12 Spieße

1. Peperoni, Gewürzgurken und Paprikas in 2 cm dicke Scheiben schneiden und zusammen mit dem Rest der Zutaten auf die Spieße stecken, sodass von jeder Gemüseart ein Stück pro Spieß zu finden ist.

Quittenpaste mit Mandelkäse

Dulce de Membrillo con Queso de Almendras

Das Dulce de Membrillo haben wir den Sefarditen zu verdanken – den Juden, die bis ins späte Mittelalter auf der Iberischen Halbinsel lebten. Es handelt sich dabei um eine ziemlich feste, gewürzte Quittenpaste, die man gut in Scheiben schneiden kann. Man findet diese oft zusammen in Kombination mit Käse. Man kann sie aber auch einfach zu einem Stück Brot essen oder zu Keksen. Durch den Zucker lässt sich die Paste wochenlang im Kühlschrank aufbewahren.

500 g Quitten
1 Nashi Birne (optional)
350 g Zucker
½ TL Muskatnuss, gerieben
1 TL Ingwerpulver
Saft von 1 Zitrone
100 ml Weißwein

1 Portion Mandelkäse (Siehe Rezept Seite 8)

1. Quitten und Birne schälen und entkernen, grob schneiden, in einen Topf geben und mit dem Zucker und der Zitrone bedecken. Über Nacht oder mindestens 8 Stunden ruhen lassen.

2. Am nächsten Tag Gewürze in den Topf geben und alles zum Kochen bringen. Weißwein hinzugeben und nach 2–3 Minuten die Temperatur verringern. Ca. 10 Minuten köcheln lassen, danach pürieren und wieder ca. 35 Minuten unter ständigem Rühren köcheln lassen, oder bis die Paste eine ziemlich zähe Konsistenz erhält.

3. Die Paste in einem hitzebeständigen Gefäß abkühlen lassen und danach im Kühlschrank über Nacht aufbewahren. Zum Servieren die feste Paste aus dem Gefäß nehmen und daraus Scheiben schneiden.

4. Mit dem Mandelkäse servieren.

Ceviche vegano

Oft liest man auch „cebiche", „seviche" oder „sebiche" – alle Schreibweisen sind richtig. Dies ist ein sehr populäres, südamerikanisches Gericht, dessen Ursprung ungeklärt ist, obwohl es als eines der peruanischen Nationalgerichte gilt. In den letzten Jahren findet es auch über die Grenzen Lateinamerikas hinweg immer mehr Anhänger. Ich habe das Gefühl, dass ein gewisser Hype um dieses Gericht entstanden ist. Es ist aber auch kein Wunder, denn es ist sehr einfach zuzubereiten und es schmeckt einfach großartig! Gerade durch die Zitrusfrüchte und das Chili ist dieses Rezept als Tapa an heißen Tagen zu einem kalten Getränk perfekt geeignet. Im Originalrezept werden Fisch und/oder Meeresfrüchte in der Säure der Zitrusfrucht durch das mehrstündige Einlegen gar. Für diese vegane Version habe ich hier Champignons verwendet, die die Säure und Frische der Limetten sehr gut aufnehmen und eine sehr schöne Konsistenz bekommen. Hier reicht eine halbe Stunde, die die Champignons benötigen, um sich von der Limette bezwingen zu lassen.

300 g Strauchtomaten
½ kleine, rote Zwiebel
200 g weiße Champignons
1 kleine, reife Avocado
Saft von 2 Limetten
Chili (nach Geschmack)
2 EL Olivenöl
½ Handvoll Koriander

1. Die Champignons trocken mit Küchenpapier putzen, klein schneiden und in Limettensaft und ein bisschen Salz ziehen lassen (mindestens eine halbe Stunde). Währenddessen die Tomaten vom Kerngehäuse und der Flüssigkeit befreien und das restliche Fleisch sehr klein schneiden und in eine Schüssel geben. (Kerngehäuse von den Tomaten könnte man aufheben und mit Olivenöl und Salz aufs Brot schmieren.)

2. Rote Zwiebel und Avocado klein schneiden und zu den Tomaten geben. Champignons vom Saft abschöpfen und dazugeben. Koriander und Chili (nach Geschmack) kleinhacken und mit den restlichen Zutaten vorsichtig vermischen.

3. Zuletzt Olivenöl und Salz hinzufügen.

Kalte Tomatensuppe mit Tomaten, Knoblauch und Brot

Salmorejo

Das Salmorejo ist eine Art Creme auf Brot- und Tomatenbasis, die sehr einfach zum Zubereiten ist. Es wird kalt gegessen und aufgrund ihrer Konsistenz auch oft als Soße zu anderen Speisen serviert. Es stammt aus Cordoba in Andalusien und hat einen arabischen Ursprung, als diese auf der Iberischen Halbinsel lebten. Die Tomaten wurden erst viel später, gegen Ende des 19. Jahrhunderts hinzugefügt, um dem Salmorejo die rötliche Farbe zu verleihen.

500 g reife Strauchtomaten
50 g Brot vom Vortag, ohne Kruste
60 ml Olivenöl
1 Knoblauchzehe
2 EL Sherryessig
ein Stück dunkles Brot
1 Piquillo-Paprikaschote (siehe Rezept S. 56)
Meersalz
Spieße

1. Als erstes werden Croutons aus dem dunklem Brot gemacht. Dafür dieses in ca. 1 cm große Würfel schneiden und in Olivenöl wälzen. Danach im vorgeheiztem Ofen bei 160 °C Umluft ca. 15 Minuten rösten.

Zum Salmorejo:

2. Die Tomaten halbieren und vom Stielansatz befreien. Zusammen mit dem grob geschnittenen Brot vom Vortag in den Mixer geben und 15 Minuten ziehen lassen. Anschließend 50 ml Olivenöl beimengen und zusammen mit dem Sherryessig, der Knoblauchzehe und dem Salz pürieren. Kalt stellen. (Man kann alles durch ein Sieb passieren, um eine feinere Creme ohne Kerne zu bekommen.)

3. Die Piquillo-Paprikaschote in Streifen schneiden und zusammen mit den Croutons auf die Spieße pieken und zum Salmorejo servieren. Es ist wichtig, dass das Salmorejo sehr kalt serviert wird.

Kalte Mandel-Knoblauch-Suppe

Ajoblanco

Es ist unklar, ob dieses Gericht aus Extremadura oder Andalusien stammt. Was auf jeden Fall klar ist, es wird in beiden Regionen reichlich konsumiert, sogar als Frühstück! An heißen Sommertagen ist es eine willkommene Erfrischung. Eine der Hauptzutaten, nämlich die Mandel, macht aus dem ajoblanco ein sehr nahrhaftes Gericht. Der Knoblauch sollte auch im Vordergrund stehen, man kann aber natürlich mit dessen Menge nach Geschmack variieren.

60 g Mandeln
60 g Weißbrot vom Vortag, ohne Kruste
2–3 Knoblauchzehen
50 ml Olivenöl
½ L Wasser
1 EL Apfelessig
8 Weintrauben
Meersalz
Spieße

1. Die Mandeln werden am Vorabend in eine Schüssel mit warmem Wasser eingelegt. Am nächsten Tag kann man die Mandeln von der Haut befreien. Eine schnellere Methode wäre, die Mandeln direkt in einem Topf mit Wasser aufzukochen. Dadurch verlieren sie jedoch viele ihrer wertvollen Inhaltsstoffe.

2. Das Weißbrot zusammen mit dem Wasser in den Mixer geben und 15 Minuten ziehen lassen.

3. Anschließend mit Olivenöl, Knoblauch, Essig, Mandeln und Salz fein pürieren. Kalt stellen.

4. Trauben aufspießen und zusammen mit dem Ajoblanco servieren.

Spanisches Kartoffelomelett

Tortilla española

Die Tortilla ist für Spanier einfach unverzichtbar. Auch hier gibt es oft so eine Art Wettbewerb: wer macht die beste Tortilla? Die Bars werben damit und es gibt daher auch unendlich viele, verschiedene Formen und Varianten, sie zuzubereiten: dick oder dünn, durchgegart oder halbgegart, fest oder glitschig, gefüllt, karamellisiert, im Brot, als Pincho, mit Wurst, vegetarisch und jetzt auch vegan. Üblicherweise werden die Kartoffeln frittiert, ich hab sie hier aber im Ofen gegart, um sie ein bisschen bekömmlicher zu machen – beides schmeckt. Wichtig bei der Zubereitung ist die Pfanne, die dafür verwendet wird. Sie sollte etwas hoch sein und beschichtet, damit beim Umdrehen die Form nicht kaputt geht. Meine Pfanne hat einen Durchmesser von 25 cm und ist 4 cm hoch. Die Tortilla wird meist kalt serviert, also bei Zimmertemperatur. Man kann sie aber auch warm essen, da sie hervorragend zu einem Salat als Hauptspeise passt! Als Tapa würde ich die ganze Tortilla in mundgerechte Quadrate schneiden und jedes Quadrat mit einem Zahnstocher bestücken, sodass man sie einfach direkt aus der Hand essen kann. Eine andere Option ist, die Tortilla wie eine Torte aufzuschneiden. Da würde man sie natürlich mit Besteck servieren.

1,5 kg Kartoffeln
1 große Zwiebel
200 ml Wasser
7 EL Kichererbsenmehl
Olivenöl
1 Handvoll Petersilie, gehackt
2 EL Rohrzucker
Salz/Pfeffer

Tortillapfanne (mittlere Höhe, beschichtet)
großer Teller mit einem größeren Durchmesser als die Pfanne

1. Als erstes die Zwiebel schälen und klein schneiden. In einer Pfanne 2 EL Olivenöl erhitzen und die Zwiebel darin langsam bei niedriger Temperatur glasig dünsten. Danach die Temperatur kurz erhöhen, Zucker dazugeben und karamellisieren lassen. Herdplatte ausmachen und Zwiebeln beiseite stellen.

2. Den Ofen auf 220 °C Umluft vorheizen. Die Kartoffeln schälen, waschen und in feine Scheiben schneiden. Sie müssen nicht alle gleichmäßig dick sein, aber sie sollten eher dünn sein, wie Chips. Die Scheiben auf ein mit Backpapier ausgelegtes Blech legen, salzen und mit etwas Olivenöl beträufeln. Im Ofen ungefähr 25 Minuten rösten, bis die Ränder der Scheiben dunkel und knusprig werden.

3. Kichererbsenmehl und Wasser mit einem Schneebesen in einer Schüssel verrühren. Kartoffeln, Zwiebeln und gehackte Petersilie dazugeben. Alles gleichmäßig mischen.

4. In der Tortillapfanne 1 EL Olivenöl erhitzen. Die Kartoffelmischung hineingeben und gleichmäßig verteilen. Bei niedriger Temperatur ca. 10 Minuten garen. Zwischendurch mit einem Pfannenwender unter die Kartoffelmischung schauen. Sie sollte leicht gebräunt sein und eine feine Kruste bilden.

5. Nun muss das ganze gewendet werden. Hierfür den Teller auf die Pfanne und eine Hand auf den Teller legen, mit der anderen die Pfanne festhalten und alles mit einer schnellen aber nicht zu hastigen Bewegung umdrehen. Die Tortilla liegt nun auf dem Teller. Die Pfanne wieder auf die Herdplatte stellen und das Omelett mit Hilfe des Pfannenwenders in die Pfanne gleiten lassen, sodass die Form nicht verloren geht. Weitere 10 Minuten bei niedriger Temperatur garen lassen.

6. Das Umdrehen der Tortilla ein paar Male wiederholen, so bekommt sie eine gleichmäßige, runde Form. Die Oberflächen sollten eine schöne goldbraune Farbe bekommen. Man kann mit einem Messer nachsehen, ob die tortilla innen gar ist. Ich würde empfehlen, das Ganze Innen etwas feucht zu lassen, damit sie nicht zu trocken wird.

7. Nach dem Garen etwas ruhen und abkühlen lassen. Bei Zimmertemperatur servieren.

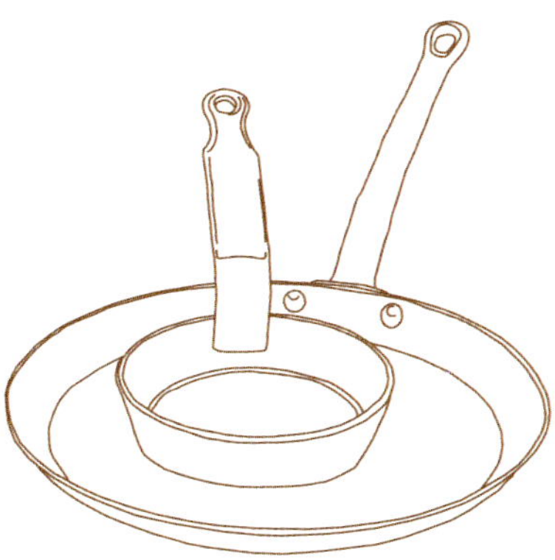

Spargelspitzen mit Orangen

Puntas de Espárrago con Naranjas

12 weiße Spargelstangen
1 Handvoll Rucola
1 Orange
20 g Haselnüsse
3 EL Olivenöl
150 ml Cidreessig
50 g Zucker
Dill
Salz/Pfeffer

1. Als erstes die Haselnüsse rösten, um sie von der Haut zu befreien. Dazu die Nüsse auf einem Blech verteilen und im vorgeheizten Ofen bei 180 °C 15 Minuten rösten. Danach abkühlen lassen und sie in einer Plastiktüte fest gegeneinander reiben, bis die Haut abfällt. Grob hacken und beiseite stellen.

2. Als nächstes eine der Spargelstangen schälen und mit dem Sparschäler lange Streifen schneiden, bis die Stange aufgebraucht ist. Diese rohen Spargelstreifen beiseite stellen. Danach die restlichen Spargelstangen schälen und die Spitzen abschneiden (ungefähr 4 cm lang). Aus den verbleibenden Spargelabschnitten könnte man eine Suppe kochen.

3. Wasser in einem kleinen Topf aufkochen und die Spargelspitzen mit einer Prise Zucker ungefähr 20 Minuten kochen, oder bis sie gar sind. Währenddessen die Orange schälen, die weißen Fäden entfernen und die Orange mit einem scharfen Messer filetieren.

4. Für die Essigreduktion den Cidreessig mit dem Zucker in einem kleinen Topf aufkochen und danach bei geringer Temperatur bis ca. 1/3 reduzieren lassen.

5. In einer Schüssel die Spargelspitzen, die Orangenfilets, die rohen Spargelstreifen, Olivenöl, Salz und Pfeffer vorsichtig mischen. Dann auf einem Teller anrichten. Dazu die Spargelmischung in der Mitte des Tellers anrichten. Hinzu kommen ein paar Rucola – und Dillblätter.Die grobgehackten Haselnüsse darüber streuen und zuletzt mit der Reduktion abschmecken.

Kartoffelbrei-Törtchen

Causa a la limeña

Dieses Gericht gehört zu den meist verbreiteten in der peruanischen Gastronomie. Der Name „causa" stammt wahrscheinlich aus der indigenen Sprache Ketschua und kommt von „kausay", was soviel heißt wie nahrhaft. Denselben Begriff verwendete man für die Kartoffel, Hauptbestandteil dieses Gerichts. Ich habe daraus eine Tapa gemacht, indem ich das Gericht einfach verkleinert und in eine runde Form gezwungen habe. Das Rezept eignet sich auch gut als Vorspeise.

750 g Kartoffeln
2 gelbe Chilischoten
100 ml Olivenöl
½ große Rote Bete
200 g Piquillo-Pimientos (siehe Rezept S. 56)
200 g rote Zwiebel
½ Zitrone, ausgepresst
Salz/Pfeffer
Petersilie als Deko

Ausstechform 7,5 cm

1. Kartoffeln schälen, grob schneiden und in kochendes Salzwasser geben. Währenddessen in einem anderen kleinen Topf Wasser zum Kochen bringen.

2. Die Chilischoten längs halbieren und die Samen mit einem Messer entfernen. Die Schoten in kochendem Wasser 20 Sekunden blanchieren, aus dem Wasser nehmen und unter kaltem Wasser abschrecken. Diesen Vorgang 2 bis 3 Mal wiederholen; so verlieren die Schoten an Schärfe, behalten aber Geschmack und Farbe.

3. Die Chilischoten zusammen mit dem Olivenöl fein pürieren und beiseite stellen.

4. Rote Zwiebeln schälen und sehr klein hacken, ebenso mit den Piquillo-Paprikas verfahren. In getrennten Schälchen für das Anrichten aufheben.

5. Anschließend die große Rote Bete halbieren – man braucht nur eine Hälfte – schälen und daraus vier nicht zu dicke Scheiben schneiden. Diese werden ungefähr 7 Minuten gedämpft, oder bis sie gar sind.

6. Die garen Kartoffeln abgießen und etwas vom Kartoffelwasser aufheben.

7. Kartoffeln stampfen und mit dem Chiliöl verrühren. Die halbe, ausgepresste Zitrone untermischen. Falls notwendig, Kartoffelwasser nachschütten, bis ein feiner Brei entsteht.

8. Nun zum Anrichten: zuerst die Rote-Bete-Scheiben mit Hilfe der Ausstechform einzeln ausstechen, sodass perfekt runde Scheiben entstehen. Die Ausstechform in die Mitte eines Tellers stellen, mit 2 EL Kartoffelbrei füllen, diesen mit Hilfe des Löffels leicht zusammendrücken. Auf den Brei kommen nun 3 TL der gehackten Piquillo-Paprikas, dann 3 TL gehackte Zwiebeln, 1 EL Kartoffelbrei und alles mit einer Scheibe Rote Bete schließen.

9. Vorsichtig die Ausstechform nach oben abziehen und zuletzt mit gehackter Piquillo-Paprikas und etwas gehackter Petersilie dekorieren.

Shiitake-Kroketten

Croquetas de Setas Shiitake

(10–12 Stück)

Croquetas sind auch auf einer klassischen Tapaskarte nicht wegzudenken. Sie werden fast jedes Mal bei einer Tapasrunde bestellt. Es gibt sogar Bars die darauf spezialisiert sind. Hierfür hat jede Bar und jeder Haushalt ein eigenes Rezept und dementsprechend viele, verschiedene Kreationen gibt es. Nicht selten entstehen heiße Diskussionen darüber, wessen Mutter die perfekte Croquetas-Formel besitzt. Ich kann nur sagen, dass es natürlich meine ist und der Beweis dafür ist dieses Rezept. ¡Gracias mamá! Am besten bereitet man die Béchamelmischung schon am Abend davor zu.

140 g Shiitakepilze
reichlich Sonnenblumenöl zum Fittieren (ca. 2 Tassen)
1 EL Olivenöl

Für die Béchamel:
300 ml Kokosmilch
3 EL Olivenöl
2 EL Dinkelvollkornmehl
1 Prise Muskatnuss
Salz/Pfeffer

Für die Panade:
4 EL Weizenvollkornmehl
100 ml kaltes Wasser
100 g Semmelbrösel
Salz

1. Die Pilze klein schneiden und in einer heißen Pfanne mit 1 EL Olivenöl braten, bis sie gar sind. Beiseite stellen.

2. Béchamel zubereiten (siehe S. 9, Basics)

3. Dann die Pilze unter die Béchamel mischen und alles salzen und pfeffern. Ein wenig Muskatnuss reinreiben, nicht zuviel. Es ist zu empfehlen, die Mischung leicht salzig zu machen, da sie durch die Panade etwas an Geschmack verliert.

4. Die Mischung in eine tiefe Form oder einen tiefen Teller gießen und auskühlen lassen. Wenn sie richtig ausgekühlt ist, die Form mit Folie abdecken und über Nacht im Kühlschrank ruhen lassen.

5. Am nächsten Tag die Kroketten formen und panieren. Dazu in einer Schüssel 4 EL Weizenvollkornmehl in 100 ml sehr kaltes Wasser geben und mit einem Schneebesen verrühren, bis eine homogene Mischung entsteht.

6. Einen tiefen Teller mit Semmelbröseln vorbereiten und nun die Béchamelmischung aus dem Kühlschrank nehmen. Es ist wichtig, dass sie kalt ist, um die Croquetas zu formen. Dies geschieht mit zwei Esslöffeln, einen in jeder Hand: dazu einen Löffel von der Bechamelmischung nehmen und mit dem zweiten Löffel wieder vom ersten Löffel abnehmen. Diese Bewegung wird mehrmals wiederholt, bis die Croqueta eine gleichmäßige Form erhält.

7. Die Croqueta in die Mehl-Wasser-Mischung geben und anschließend in den Semmelbröseln gleichmäßig wälzen.

Die panierten Kroketten auf einen Teller legen und diesen Vorgang wiederholen, bis die gesamte Bechamelmischung aufgebraucht ist. Es sollten ungefähr 10–12 croquetas sein, dies ist aber von der Größe der Esslöffel und der Menge, die man jedes Mal rauslöffelt, abhängig.

8. Man kann natürlich auch die Croquetas mit den Händen formen oder kleine Bällchen machen. Hierzu sollte man die Hände nass machen, damit die Béchamelmischung nicht kleben bleibt.

9. In einer Pfanne reichlich Sonnenblumenöl erhitzen, die panierten Kroketten ins heiße Öl hineingeben und von allen Seiten goldbraun werden lassen, ohne sie dabei anbrennen zu lassen. Das geht sehr schnell!

10. Die fertigen Croquetas auf einem Teller mit Küchenpapier abtropfen lassen und heiß servieren.

Mangold-Porree-Kroketten

Croquetas de Acelgas y Puerros

(10–12 Stück)

70 g Mangoldblätter ohne Strunk
70 g Porree
50 ml Weißwein

Für die Béchamel:
300 ml Kokosmilch
3 EL Olivenöl
2 EL Dinkelvollkornmehl
1 Prise Muskatnuss
Salz/Pfeffer

Für die Panade:
4 EL Weizenvollkornmehl
100 ml kaltes Wasser
100 g Semmelbrösel
Salz

1. Mangoldblätter und Porree gründlich waschen und sehr klein hacken.

2. Anschließend in einer Pfanne 1 EL Olivenöl erhitzen und Gemüse langsam dünsten lassen. Wenn es gar ist, mit dem Weißwein ablöschen und verdampfen lassen. Beiseite stellen.

3. Béchamel zubereiten, siehe Seite 9.

4. Das Gemüse in die Béchamel mischen.

5. Dann gleich verfahren wie bei den Shiitake-Kroketten (siehe S. 37)

Padrón-Paprikas

Pimientos de Padrón con Sal Maldon

„Os pementos de Padrón, uns pican e outros non." Dieser galizische Spruch heißt übersetzt: Die Paprikas aus Padrón – einige sind scharf und andere nicht. Im Original hört es sich natürlich besser an, da es sich reimt. Etwa ein Fünftel dieser Paprikaschoten ist richtig scharf, was ganz lustig sein kann, wenn man in einer Runde zusammensitzt und selbst keine erwischt hat. Die Paprikas werden nur in Padrón (Galizien), an der nördlichen Atlantikküste Spaniens angebaut.

300 g Padrón-Paprikas
Maldon-Salz ersatzweise grobes Meersalz
2 EL Olivenöl

1. Die Paprikaschoten waschen, mit einem Tuch etwas trocknen und in einer heißen Pfanne bei nicht zu starker Hitze mit dem Olivenöl braten, bis sie gar sind. Mit dem groben Salz servieren.

Edamame mit Minze und Zitrone

Edamame a la Menta y Limón

200 g Sojabohnen
1 kleine, rote Zwiebel
½ Zitrone, ausgepresst
1 Handvoll gehackte Minze
2 EL Olivenöl
Salz, Pfeffer

1. Die Zwiebel in Streifen schneiden. In einer Pfanne das Olivenöl erhitzen und die Zwiebelstreifen darin bei schwacher Flamme dünsten, bis sie glasig sind. Die Bohnen hinzufügen und kurz mitgaren. Mit Zitronensaft, der gehackten Minze, Salz und Pfeffer abschmecken.

Zucchini-Röllchen mit veganen Würstchen

Rollitos de Calabacín con Salchicha vegana

(12 bis 16 Röllchen)

Für die Füllung habe ich bei diesem Rezept vegane Würstchen aus dem Bioladen verwendet. Natürlich könnte man auch eine beliebige, andere Wurst verwenden, wie zum Beispiel die vegane Chorizo, die auf Seite 50 beschrieben wird.

2 Zucchini
4 Piquillo-Paprikas
(siehe Rezept S. 56)
4 vegane Würstchen
2 EL Sesam
1 Zitrone
2–3 EL Olivenöl
Salz/Pfeffer

12 bis 16 Spieße

1. Sesam in einer Pfanne bei geringer Flamme goldbraun rösten und beiseite stellen.

2. Die Zucchini längs halbieren. Mit der geschnittenen Seite auf das Brett legen und mit einem scharfen Messer die Zucchini in ca. 2 mm dünne Scheiben schneiden.

3. Die Paprikas in Streifen schneiden und die Würstchen in Stücke, so breit wie die Zucchini. Die Würstchenstücke in etwas Olivenöl braten.

4. Die Zucchinistreifen in einer heißen Pfanne mit etwas Olivenöl goldbraun braten, danach salzen und pfeffern.

5. Nun die Zucchinistreifen auf ein Brett legen und zuerst mit den Paprikastreifen, dann mit den Würstchen belegen und rollen. Mit Hilfe eines Spießes die Röllchen fixieren.

6. Zuletzt mit dem Saft einer Zitrone und dem Sesam in einer Schüssel servieren.

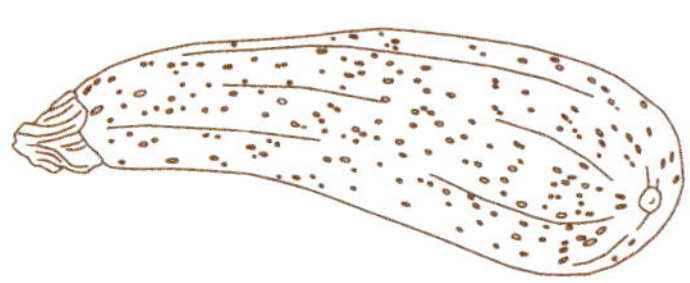

Kartoffeln mit pikanter Mojo

Papas con Mojo picón

In der kanarischen Gastronomie spielen Produkte, die aus Amerika kamen, eine wichtige Rolle, da die Inselgruppe als Pflichthalt zwischen der Iberischen Halbinsel und dem Neuen Kontinent galt. Eines dieser Produkte ist die Kartoffel oder „papa", wie man auf den Kanaren sagt. Dies ist auch in der Vielfalt der Kartoffelsorten, die man auf den Inseln findet, zu erkennen. Hier begleitet die Kartoffeln eine rote Mojo, also eine Soße, die durch den Cayennepfeffer und das Paprikapulver etwas scharf ist. Mojos werden auf den Kanaren vielfältig eingesetzt. Man unterscheidet zwischen grünen und roten Mojos. Da die Mojo picón kein Wasser enthält, kann man ihn auch außerhalb des Kühlschranks mehrere Tage aufbewahren.

600 g kleine Kartoffeln
200 g grobes Meersalz

Für den Mojo:
10 EL Olivenöl
5 Knoblauchzehen
1 TL Paprikapulver, scharf
30 g Brot vom Vortag, ohne Kruste
4 EL Sherryessig
1 TL Kreuzkümmel, gemahlen
Cayennepfeffer (optional)
Salz/Pfeffer

1–2 Piquillo-Paprikas (siehe Rezept S. 56)

1. Als erstes die Mojo vorbereiten. Das Brot zusammen mit dem Olivenöl und dem Essig in eine Schüssel geben und für 15 Minuten ziehen lassen. Die Knoblauchzehen schälen und im Mörser stampfen. Salz, Paprikapulver und Kreuzkümmel dazugeben und mischen. Für all jene, die es besonders scharf mögen, könnte man Cayennepfeffer hinzufügen. Das eingeweichte Brot in den Mörser geben und alles zu einer homogenen Soße verrühren. Man kann auch alles direkt im Mixer pürieren, aber mit der ersten Methode bekommt man eine schönere Konsistenz. Man könnte in die Mojo auch wahlweise 1 oder 2 Piquillo-Paprikas hinein pürieren, um einen weicheren Geschmack und eine cremigere Konsistenz zu bekommen.

2. Kartoffeln ca. 10 Minuten kochen, oder bis sie gar sind. Wasser abgießen und die Kartoffeln zurück in den Topf geben. Bei niedriger Temperatur die Kartoffeln ein paar Minuten im zugedeckten Topf schütteln, damit das Salz teilweise daran haften bleibt.

3. Den Mojo in eine Schüssel geben und zu den Kartoffeln servieren.

Kochbanane mit Tomaten-Minz-Pesto

Patacón con Pesto de Tomate y Menta

Das Patacón oder Tostón kommt aus der karibischen Küche und wird auf unzählige Weisen zubereitet: zu Dips, als Beilage, als Sandwich, sogar als Hauptspeise. Es wird in der Karibik als stärkehaltige Zutat verwendet, ähnlich der Kartoffel in Europa. Mittlerweile gelten auch Kochbananen in weiten Teilen Lateinamerikas als eines der Grundnahrungsmittel. Hier habe ich den fruchtigen Geschmack von getrockneten Tomaten mit dem Aroma von Minze und der zurückhaltenden Süße der Kochbananen kombiniert und es funktioniert wunderbar. Ich könnte mir aber noch zigfache Kombinationen vorstellen. Wer weiß, vielleicht lohnt es sich als Thema für ein eigenes Kochbuch …

Für das Patacón:
1 große Kochbanane
reichlich Sonnenblumenöl zum Frittieren (ca. 2 Tassen)
1 Brett, 1 Teller zum Zusammendrücken

Für das Tomaten-Minz-Pesto:
80 g getrocknete Tomaten
125 ml Olivenöl
1 Knoblauchzehe, geschält
25 g gehobelte Mandeln
½ Zitrone , ausgepresst
1 Handvoll Minze
Salz/Pfeffer

1. Für das Pesto die Mandeln in einer Pfanne unter ständigem Rühren bei mittlerer Hitze goldbraun werden lassen. Danach die Mandeln zusammen mit den restlichen Zutaten in den Mixer geben und zu einer Paste zerkleinern.

2. Für das Patacón die Banane samt Schale in dicke Scheiben (1 cm) schneiden. Danach mit Hilfe des Messers die Schale von jeder Scheibe entfernen.

3. In einer Pfanne reichlich Sonnenblumenöl erhitzen und darin die Bananenscheiben von beiden Seiten goldbraun frittieren. Anschließend die Scheiben auf Küchenpapier abtropfen lassen. Nun die Scheiben einzeln auf ein Schneidebrett legen und mit Hilfe einer Tellerunterseite plattdrücken.

4. Die zerdrückten Scheiben nochmals ins heiße Öl geben und von beiden Seiten kurz frittieren, bis sie gar sind.

5. Das Patacón zusammen mit dem Pesto servieren.

Pilze mit Sherry

Setas al Jerez

Dieses Rezept ist sehr einfach und schnell zuzubereiten. Ich habe dafür Shiitake- und Austernpilze verwendet, man könnte aber auch eine andere Sorte verwenden.

250 g Pilze
1 kleine rote Zwiebel
50 g Zuckererbsen
100 ml Sherry (halbtrocken)
1 Knoblauchzehe
1 Handvoll Petersilie, gehackt
2 EL Olivenöl
Salz/Pfeffer

1. Die Zuckererbsen in kochendem Wasser 1 Minute blanchieren und anschließend in kaltem Wasser abschrecken und längs halbieren. Beiseite stellen.

2. Die Pilze putzen und grob schneiden. Die rote Zwiebel schälen und klein hacken.

3. Die Knoblauchzehe schälen und in Scheiben schneiden, dann in der heißen Pfanne mit 2 EL Olivenöl dunkelbraun dünsten. Knoblauch aus der Pfanne nehmen, die kleingehackte, rote Zwiebel hinzugeben und bei niedriger Temperatur glasig dünsten. Pilze hineingeben und garen. Die Zeit ist von der Pilzsorte abhängig, Shiitake- und Austernpilze benötigen zwischen 5 und 10 Minuten. Die Zuckererbsen dazugeben und alles mit dem Sherry ablöschen. Noch ein paar Minuten garen lassen, bis der Großteil des Sherrys verdampft ist.

4. Die Pilze salzen, pfeffern und mit der gehackten Petersilie servieren.

Vegane Chorizo in Cidre

Chorizo vegano a la Sidra

Diese Tapa stammt aus Asturien, einer Region im Norden Spaniens, wo reichlich Cidre konsumiert wird. Für dieses Rezept verwendet man am besten einen Cidre, der nicht sprudelt. Die Anzahl der Chorizos, die man hier rausbekommt, ist abhängig von der Größe, in der sie geformt werden. Wenn nicht alle sofort gebraucht werden, würde ich empfehlen, sie in Tüten einzufrieren. Ich hab die Chorizos ungefähr 3 bis 4 cm dick und 12 bis 13 cm lang gemacht. Die Größe kann jeder selbst entscheiden, man könnte auch viele kleine formen, aber ich würde abraten, sie zu dick zu machen, weil sie sonst beim Kochen nicht richtig gar werden. Die Chorizo wird meistens in Begleitung von einem schönen, knusprigen Brot gegessen, als „bocadillo". Sie wird aber auch für viele Eintöpfe und Füllungen verwendet. Das Gleiche könnte man natürlich auch mit dieser veganen Version probieren. Das Wort „chorizo" wird in Spanien übrigens auch als abwertender Begriff für viele Politiker verwendet. Es gibt einen sehr schönen Satz, den ich mal auf einem Plakat gelesen habe: „No nos queda pan para tantos chorizos" (Wir haben nicht genug Brot für so viele Chorizos).

250 g Glutenmehl
5 EL Semmelbrösel
½ EL Knoblauchpulver
1 EL Paprikapulver, süß
1 EL Paprikapulver scharf (siehe auch S. 52)
½ TL gemahlener Zimt
½ TL Muskatnuss
½ TL weißer Pfeffer
½ EL Salz
½ TL trockene Hefe
2 EL Vollkornreis, gekocht
325 ml Wasser
25 ml Sojasauce
½ EL Marmite (optional)*
1 EL Olivenöl
500 ml Cidre
Frischhaltefolie
Küchengarn

1. Mehl mit den Semmelbröseln, Gewürzen und dem gekochten Reis in einer Schüssel mischen. Marmite in etwas heißem Wasser (¼ Glas) auflösen und zusammen mit den restlichen Zutaten in die Schüssel geben. Mit den Händen gut durchkneten, bis alles gleichmäßig gemischt ist.

2. Aus der Masse nun die Chorizos formen. Für jede Chorizo ungefähr zwischen 80 und 100 g Masse nehmen. Mit den Händen eine Wurst formen und in Frischhaltefolie einwickeln. Die Enden mit Küchengarn zuknoten. Insgesamt entstehen so zwischen 6 und 8 Chorizos daraus.

3. Die Chorizos werden jetzt zusammen mit der Folie ca. 20 Minuten in Wasser gekocht. Abkühlen lassen. 1 bis 2 Chorizos in eher dicke Scheiben schneiden und in einer Pfanne mit 1 EL Olivenöl scharf anbraten. Rausnehmen und in der gleichen Pfanne den Cidre hineingießen, bei niedriger Temperatur reduzieren lassen, bis die Flüssigkeit auf ein Drittel verdampft ist, oder bis sie etwas dickflüssiger wird. Dies dauert etwa 10 bis 15 Minuten.

4. Die Chorizo auf einen Teller anrichten und den Cidre drübergießen.

** nicht ersetzbar, aber auch nicht schlimm, wenn es nicht reinkommt.*

Kartoffeln in Bravasoße

Patatas bravas

Auch einfach Bravas genannt, sind auch sie ein Klassiker in der Tapaswelt. Die Bezeichnung „bravo" oder „brava" könnte man als wild, wütend oder mutig übersetzen, das bezieht sich hier auf die Schärfe der Soße. Bei solch einfachen Rezepten ist es auch sehr wichtig, dass man hochwertige Zutaten verwendet, dann wird so etwas Simples zu einem richtigen Genuss. Der charakteristische Geschmack dieser Soße wird ihr vor allem durch das Paprikapulver verliehen. Ich benutze immer geräuchertes, spanisches Paprikapulver, eine Art von Paprikapulver, das in der Extremadura produziert wird und für seine intensive Farbe und seinen rauchigen Geschmack bekannt ist. Außerhalb Spaniens kann man dies im Internet kaufen oder in ausgewählten Feinkostgeschäften. Man kann es aber auch problemlos durch die hier gängigen Paprikapulver-Sorten ersetzen.

600 g kleine Kartoffeln
grobes Meersalz

Für die Soße:
700 g Strauchtomaten
1 Zwiebel
2 Knoblauchzehen
½ TL Paprikapulver, süß
½ TL Paprikapulver, scharf
etwas Cayennepfeffer (optional)
4–5 EL Olivenöl
1 Prise Zucker
Salz

1. Als erstes die Soße vorbereiten. Zwiebel und Knoblauch schälen und klein schneiden. In einer Pfanne mit 1 EL Olivenöl beides bei niedriger Temperatur dünsten.

2. Währenddessen die Tomaten mit einer Reibe grob reiben. Die Haut bleibt dann über, sie wird nicht verwendet.

3. Die geriebenen Tomaten zusammen mit dem Paprikapulver in die Pfanne zusammen mit den Paprikapulver geben, aufkochen und danach ca. 12 Minuten bei niedriger Temperatur köcheln lassen.

4. Danach die Soße mit Hilfe eines Löffels durch ein feines Sieb passieren. Eine Prise Zucker dazugeben, salzen und für all jene, die es besonders scharf mögen, etwas Cayennepfeffer dazugeben.

5. Nun die Kartoffeln putzen, waschen und die Enden abschneiden. Auf ein Blech legen und mit dem restlichen Olivenöl beträufeln. Im vorgeheizten Ofen bei 200 °C Umluft ca.10 bis 15 Minuten backen, oder bis sie gar sind.

6. Die Soße wieder aufwärmen und zusammen mit den Kartoffeln servieren.

Gefüllte Zwiebeln

Cebollas rellenas

Für dieses Rezept sollte man sich einen Kugelformer (auch Melonenlöffel oder Pariser genannt) besorgen, um die Zwiebeln auszuhöhlen.

1 Brokkoli klein (300 g)
4 mittelgroße Zwiebeln
100 ml Weißwein
100 g Haselnüsse
100 ml Gemüsebrühe
½ unbehandelte Zitrone
1 EL Olivenöl
1 EL Rohrzucker
1 EL Estragon, gehackt
Salz/Pfeffer

Kugelformer

1. Die Nüsse auf ein Blech legen und im vorgeheizten Ofen bei 180 °C Umluft 15 Minuten rösten. Danach abkühlen lassen und in einer Plastiktüte fest gegeneinander reiben, bis die Haut abfällt. Nun die gehäuteten Nüsse hacken und beiseite stellen.

2. Brokkoli grob teilen und in Salzwasser ca. 15 Minuten dünsten, bis er gar ist. Die Zwiebeln schälen und 1/4 von oben abschneiden. Die Hauben aufheben. Nun unten gerade soviel abschneiden, dass die Zwiebeln aufrecht stehen können.

3. Mit dem Kugelformer ab der zweiten Schicht von außen die Zwiebeln ganz vorsichtig bis kurz vor dem Boden aushöhlen. Den Inhalt klein hacken und in einer Pfanne mit Olivenöl glasig dünsten.

4. Kurz die Temperatur erhöhen, den Rohrzucker dazugeben und rühren, bis die Zwiebeln karamellisieren. Pfanne beiseite stellen.

5. In einem Topf Weißwein und Gemüsebrühe zum Kochen bringen. Die ausgehöhlten Zwiebeln mit der Haube in den Topf geben. Ca. 25 Minuten bei niedriger Temperatur zugedeckt köcheln lassen, oder bis sie gar sind. Man sollte aufpassen, dass die Zwiebeln im Topf eingeengt sind, sodass sie nicht umfallen können. Die Flüssigkeit sollte auch nicht mehr als bis zur Hälfte der Zwiebeln reichen.

6. Die klein gehackten Zwiebeln mit dem Brokkoli vermischen und grob pürieren. Den Abrieb und den Saft einer halben Zitrone zusammen mit den Haselnüssen und dem Estragon dazugeben. Salzen, pfeffern und auf Wunsch, falls es ein bisschen trocken sein sollte, etwas Olivenöl untermischen. Die fertigen Zwiebeln mit der Brokkolimischung füllen und warm servieren.

Gefüllte Piquillo-Paprikas

Pimientos de Piquillo rellenos

(für 8 gefüllte Paprikas).

Diese Art von Paprikaschote wird in Lodosa, Navarra angebaut, und ist in der spanischen Küche sehr präsent. Man kann sie wirklich tausendfach einsetzen, ich werde nie müde davon. Die Schote ist etwas kleiner als die üblichen Paprikas und hat eine sehr intensive, rote Farbe. Man kauft sie fertig geröstet in der Dose oder im Glas. Mittlerweile findet man sie auch in vielen Supermärkten außerhalb Spaniens. Ersatzweise kann man für das Rezept auch einfache geröstete Paprikaschoten aus dem Glas verwenden, oder sie selber im Ofen rösten (siehe S. 14). Diese Schoten sind aber größer, deswegen sollte man auf die Mengen achten.

8 Piquillo-Paprikas

Für die Soße:
6 Piquillo-Paprikas
1 kleine Zwiebel
1 Knoblauchzehe
100 ml Weißwein
50 ml Gemüsebrühe
2 EL Olivenöl
Salz/Pfeffer
1 Handvoll Petersilie

Für die Füllung:
200 g gekochte Belugalinsen
1 kleine, rote Zwiebel
1 unbehandelte Zitrone
Salz/Pfeffer

1. Als erstes die Belugalinsen nach Vorgabe kochen. Währenddessen die rote Zwiebel klein schneiden und in einer Pfanne mit einem Esslöffel Olivenöl glasig dünsten. Nun die Pfanne vom Feuer nehmen und die gekochten Linsen zu der Zwiebel geben. Die Schale der Zitrone reiben und zusammen mit dem Saft ebenso dazugeben.

2. Für die Soße Olivenöl in einer Pfanne erhitzen. Zwiebel klein schneiden, in die Pfanne geben und glasig dünsten. Knoblauch klein hacken und mit 6 grob geschnittenen Pimientos ein paar Minuten mitbraten. Danach die Brühe mit dem Weißwein hinzugeben, zum Kochen bringen und alles bei niedriger Temperatur 10 Minuten köcheln lassen. Salzen, pfeffern und mit dem Stabmixer in einem hohen Gefäß pürieren.

3. Die Linsen in der Pfanne kurz erwärmen und damit die übrigen 8 Paprikas füllen. Auf einem Teller anrichten und zusammen mit der Soße und der klein gehackten Petersilie servieren.

Auberginen mit Zuckermelasse

Berenjenas con Miel de Caña

Diese Tapa kommt ursprünglich aus Córdoba und ist in ganz Andalusien verbreitet. Ich bin ihr aber auch in den letzten Jahren in anderen Städten Spaniens begegnet. Ich habe mir sagen lassen, dass man in Andalusien statt der Zuckermelasse manchmal auch eine Schüssel Salmorejo (siehe S. 26) zu den Auberginen serviert. Zuckermelasse oder Melasse, vom lateinischen Wort „mel" (Honig) abgeleitet, ist ein Nebenerzeugnis, das bei der Zuckergewinnung aus Zuckerrohr anfällt. Es enthält kaum Zucker, dafür umso mehr Mineralien. Der Geschmack ist anfangs etwas ungewöhnlich – herzhaft und leicht süßlich. Ein bisschen wie der erste Schluck Kaffee, aber irgendwann kann man nicht mehr darauf verzichten. Übrigens kann man Zuckermelasse auch zum Backen und für Soßen verwenden. Man bekommt die Melasse im Bioladen.

1 Aubergine
ca. 2 EL Zuckermelasse
reichlich Olivenöl zum Frittieren (ca. 2 Tassen)
4 EL Weizenvollkornmehl
100 ml kaltes Wasser

1. Das Mehl und das kalte Wasser gleichmäßig mit einem Schneebesen verrühren. Die Aubergine längs halbieren. Die angeschnittene Seite auf das Brett legen und längs in 1,5 cm breite Scheiben schneiden. Diese nochmals längs halbieren, sodass Stifte entstehen. In einer Pfanne reichlich Olivenöl erhitzen. Die Auberginenstifte in die Mehl-Mischung geben und anschließend in heißem Öl goldbraun frittieren.

2. Auf Küchenpapier abtropfen lassen. Mit etwas Zuckermelasse servieren.

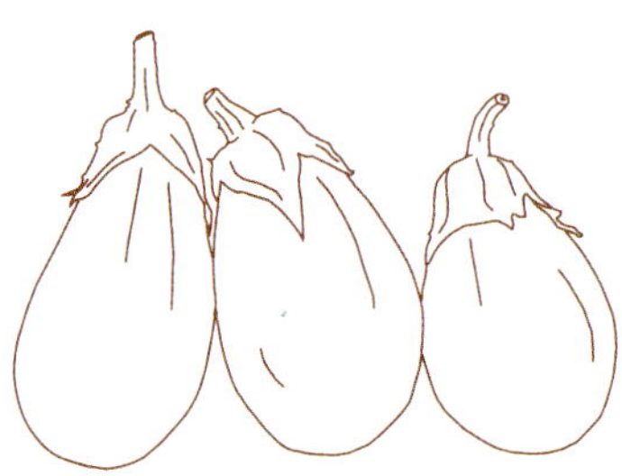

Mini-Cocas

(15 Stück)

Als Coca könnte man die spanische Version der Pizza bezeichnen. Ursprünglich stammt sie aus Katalonien, ist aber in anderen Regionen, wie auf den Balearen, in Valencia, Aragonien und Andorra heimisch. Es gibt unzählige Variationen je nach Region, vor allem auch süße Versionen. Ich habe hier Mini-Cocas gemacht, man kann natürlich auch eine Große machen. Diese sollte allerdings nicht rund sein, sondern rechteckig, so wie man die echte Coca macht.

Für den Belag:
4 kleine Mangoldblätter
6 Wildtomaten vom Strauch (alternativ Cocktailtomaten)
3 weiße Champignons
2 Knoblauchzehen
2 EL Ahornsirup
1 TL Thymian
1 EL Olivenöl

Für die Masse:
170 g Dinkelvollkornmehl
100 ml Wasser
1 EL Olivenöl
frische Hefe (Haselnussgröße)
etwas Salz (es ist weniger als 1 TL aber mehr als eine Prise)

Ausstechform 7,5 cm Durchmesser

1. Für die Masse alle Zutaten in einer Schüssel zusammen mit etwas Salz mischen und mindestens 10 Minuten auf einer glatten, mit etwas Mehl bestäubten Oberfläche durchkneten. Falls nötig mehr Mehl oder mehr Wasser hinzufügen. Es sollte eine homogene, eher elastische Masse entstehen, die man gut mit den Händen anfassen kann – ohne, dass sie kleben bleibt. In der Schüssel zugedeckt einige Minuten ruhen lassen.

2. Währenddessen die Knoblauchzehen schälen und mit den Mangoldblättern klein schneiden. In einer heißen Pfanne mit 1 EL Olivenöl dünsten, bis sie gar sind und salzen. Die Tomaten vierteln.

3. Die Masse aus der Schüssel nehmen und auf einer glatten und mit Mehl bestäubten Oberfläche mit Hilfe eines Nudelholzes dünn ausrollen. Mit der Ausstechform bis zu 15 Cocas ausstechen und diese auf ein mit Backpapier ausgelegtes Blech geben. Nun die Cocas mit Ahornsirup bepinseln.

4. Zum Belegen: die Champignons mit Hilfe einer Reibe grob auf die Cocas reiben. Danach die gehackten Mangoldblätter aus der Pfanne und die Tomatenviertel auf den Cocas verteilen. Etwas salzen und im vorgeheizten Ofen bei 200 °C Umluft ca. 15 Minuten backen, oder bis die Masse durch ist. (Das ist von der Dicke der Cocas abhängig).

5. Zuletzt mit Thymian bestreuen und falls erwünscht, kann man sie nochmals mit Ahornsirup beträufeln.

Gemüseschnitte

Milhoja de Verduras

Milhoja heißt wortwörtlich übersetzt „Tausend Blatt" und ist eigentlich eine Süßspeise aus verschiedenen Schichten Creme und Blätterteig. Es gibt aber auch eine herzhafte Version von der Milhoja und hier kann sich jeder austoben, wie er möchte – Hauptsache Schicht auf Schicht. Man kann verschiedene Gemüsesorten mit unterschiedlichen Zubereitungsformen kombinieren. Ich benutze bei diesem Rezept zwei Sorten Möhren, die ich auf dem Wochenmarkt gefunden habe, und eine Aubergine als Trenner, die dem ganzen Standhaftigkeit gibt.

1 große Aubergine
150 g violette Möhren
150 g cremefarbene Möhren
2 Schalotten
3 Handvoll Babyspinat
1 Knoblauchzehe
1 Piquillo-Paprika (Siehe Rezept Pimientos Rellenos)
Olivenöl

1. Möhren schälen und in Scheiben schneiden. Schalotten schälen und grob schneiden.

2. Möhren und Schalotten auf einem mit Backpapier ausgelegtem Blech verteilen, mit Olivenöl beträufeln und salzen. Im vorgeheizten Ofen bei 180 °C Umluft 25–30 Minuten rösten, oder bis sie gar sind. Kurz abkühlen lassen und in einem Behälter grob pürieren. Pfeffern. Wenn man zwei Sorten Möhren verwendet, sollte man diese natürlich getrennt pürieren.

3. Die Knoblauchzehe schälen und klein hacken. In einer Pfanne mit 2 EL Olivenöl dünsten und danach den Babyspinat hinzufügen, bis er gar ist. Salzen und pfeffern. Beiseite stellen.

4. Die Aubergine in ungefähr 5 mm dünne Scheiben schneiden. Auf ein mit Backpapier ausgelegtes Blech legen, die Oberseite mit einem Pinsel mit Olivenöl bestreichen und leicht salzen. Im vorgeheizten Ofen bei 180 °C Umluft ca. 12 Minuten rösten.

5. Nun zum Anrichten: eine Scheibe Aubergine, Möhrenbrei, eine Scheibe Aubergine, Möhren, eine Scheibe Aubergine, Spinat schichten und zuletzt mit einer gehackter Piquillo-Paprika dekorieren.

Register

58 Auberginen mit Zuckermelasse
21 Banderillas
10 Brot mit Tomaten
24 Ceviche vegano
41 Edamame mit Minze und Zitrone
56 Gefüllte Piquillo-Paprikas
54 Gefüllte Zwiebeln
62 Gemüseschnitte
14 Geröstetes Gemüse
16 In Essig eingelegte vegane "Sardellen"
12 In Essig mariniertes Gemüse
28 Kalte Mandel-Knoblauch-Suppe
26 Kalte Tomatensuppe mit Tomaten, Knoblauch und Brot
34 Kartoffelbrei-Törtchen
52 Kartoffeln in Bravasoße
44 Kartoffeln mit pikanter Mojo
46 Kochbanane mit Tomaten-Minz-Pesto
9 Kokosmilchbéchamel
39 Mangold-Porree-Kroketten
20 Marinierte Oliven
60 Mini-Cocas
11 Olivenpaste
18 Oliviersalat
40 Padrón-Paprikas
48 Pilze mit Sherry
22 Quittenpaste mit Mandelkäse
37 Shiitake-Kroketten
9 Sojanaise
29 Spanisches Kartoffelomelett
6 Spanisches Vollkornlandbrot
32 Spargelspitzen mit Orangen
50 Vegane Chorizo in Cidre
8 Veganer Mandelkäse
42 Zucchini-Röllchen mit veganen Würstchen

Impressum

Kreuzstraße 21, 13187 Berlin-Germany
www.neunzehn-verlag.de

1. Auflage 2014
ISBN 978-3-942491-39-6
Printed 2014

Rezepte & Photographie:
all images © Gonzalo Baró
www.gonzalobaro.com

Satz: Satz- & Verlagsservice Ulrich Bogun
Illustrationen: Nessa Horn

Danke an

Barbara Baró, Rebeca Baró, Armin Ceric, Felix Feistel, Verena Imhof, Matilde Ollero, Ana Pérez